Este libro pertenece a:
This book belongs to:

_ _ _ _ _ _ _ _ _ _ _ _ _

Harrison, Carlos
    El arco iris de Rubén = Ruben's Rainbow / Carlos Harrison
Y Grizelle Paz ; ilustraciones Fernando Cortés. — Bogotá :
Panamericana Editorial, 2004.
    44 p. : il. ; 26 cm. — (Bilingüe)
    Texto bilingüe : español-inglés.
    ISBN 958-30-1462-1
    1. Cuentos infantiles estadounidenses 2. Arco iris – Cuentos
I. Ruben's Rainbow II. Paz, Grizelle III. Cortés, Fernando, il.
IV. Tít. V. Serie
I813.5 cd 19 ed.
AHV5646

        CEP-Banco de la República-Biblioteca Luis Ángel Arango

El arco iris de Rubén

Ruben's Rainbow

Carlos Harrison y Grizelle Paz

Ilustraciones
Fernando Cortés

Editor
Panamericana Editorial Ltda.

Edición
Mónica Montes Ferrando

Ilustraciones
Fernando Cortés

Diagramación y diseño de cubierta
Diego Martínez Celis

Primera edición en Globo Libros, 2001
Primera edición, agosto de 2004

El arco iris de Rubén

Ruben's Rainbow

Carlos Harrison y Grizelle Paz

Ilustraciones
Fernando Cortés

PANAMERICANA
EDITORIAL

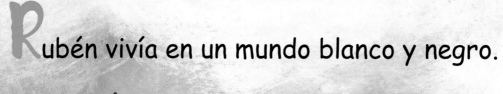

Rubén vivía en un mundo blanco y negro.

_R_uben lived in a black-and-white world.

Todo era negro. O blanco.
Los árboles. Las abejas.
Las casas y los carros.
Hasta la gorra favorita
de Rubén.
Todo.

Everything was black. Or white.
The trees. The bees.
The houses and the cars.
Even Ruben's favorite cap.
Everything.

Rubén estaba triste.
Sentía que faltaba algo.

*R*uben was sad.
He felt something was missing.

Una mañana,
Rubén se cayó de la cama,
¡PAF!
A un mundo de colores.

One morning,
Ruben fell out of bed
with a great big PLOP!
Right into a colorfull world.

ayó de golpe al lado de un canario reluciente.
Jamás había visto cosa igual.
"¿Qué color es ése?", preguntó.
"Amarillo", dijo el canario.
"El más bello de los colores. ¿Verdad?"
"Ciertamente es muy bello", dijo Rubén.

He landed with a thump next to a bright canary.
He had never seen anything like it.
"What color is that?" he asked.
"Yellow," said the canary.
"The most beautiful color of all.
Don't you agree?"
"It is very beautiful, indeed,"
said Ruben.

El canario sonrió y alzó vuelo.
Rubén siguió caminando.

The canary smiled and flew away.
Ruben walked on.

Se encontró con un árbol.
"¿Qué color es ése?", preguntó,
mirando hacia las hojas
que cubrían sus ramas.
"Verde", dijo el árbol.
"El más bello de los
colores. ¿Verdad?"
"Ciertamente es muy
bello", dijo Rubén,
antes de marcharse.

He met a tree.
"What color is that?" he asked,
looking up at the leaves covering the branches.
"Green," said the tree.
"The most beautiful color of all.
Don't you agree?"
"It is very beautiful, indeed," said Ruben,
before he walked away.

Se encontró con una zorra.
"Qué color es ése?", preguntó.
"Rojo", dijo la zorra.
"El más bello de los colores. ¿Verdad?"
"Ciertamente es muy bello", dijo Rubén.
Siguió caminando.

He met a fox.
"What color is that?" he asked. "Red," said the fox.
"The most beautiful color of all. Don´t you agree?"
"It is very beautiful, indeed," said Ruben.
He kept on walking.

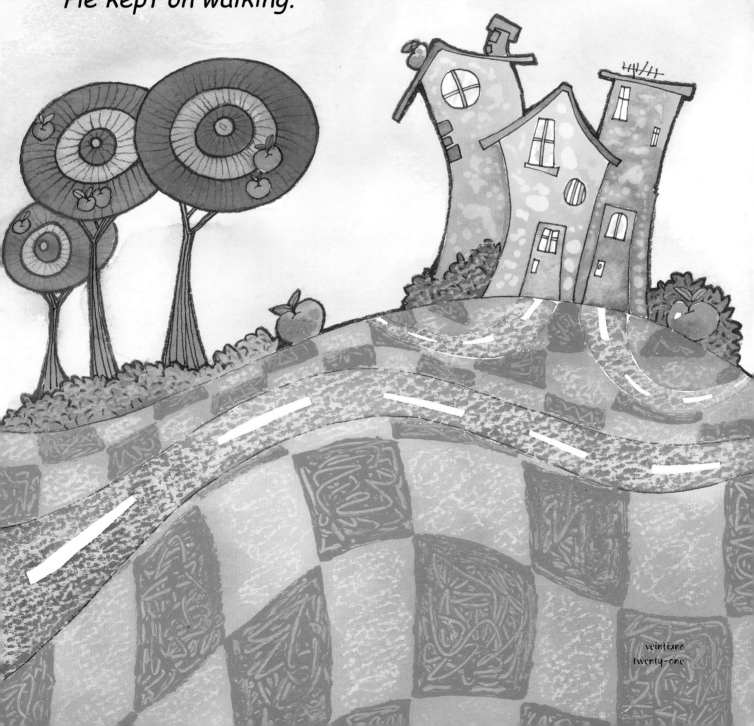

Se encontró una estrella de mar descansando en la playa. "¿Qué color es ése?", preguntó. "Anaranjado", dijo la estrella de mar. "El más bello de los colores. ¿Verdad?" "Ciertamente es bello", dijo Rubén.

He found a starfish lying on the beach.
"What color is that?" he asked.
"*Orange*," said the starfish.
"The most beautiful color of all.
Don't you agree?"
"It is very beautiful, indeed", Ruben said.

Miró hacia las olas cercanas que le salpicaban.
"¿Qué color es ése?", preguntó.
"Azul", dijo el mar,
con una voz bien profunda.
"El más bello de los colores.
¿Verdad?"

He looked at the waves splashing nearby.
"What color is that?" he asked.
"Blue," said the ocean
in a very deep voice.
"The most beautiful
color of all.
Don´t you agree?"

"Yo creo que todos son bellos", dijo Rubén.
"Tan, pero tan bellos, que yo sólo
quisiera que hubiese una
manera de poder
llevármelos
a mi casa".

"**I** think you're all beautiful," Ruben said.
"So very, very beautiful."
I just wish there was a way
I could take you home with me."

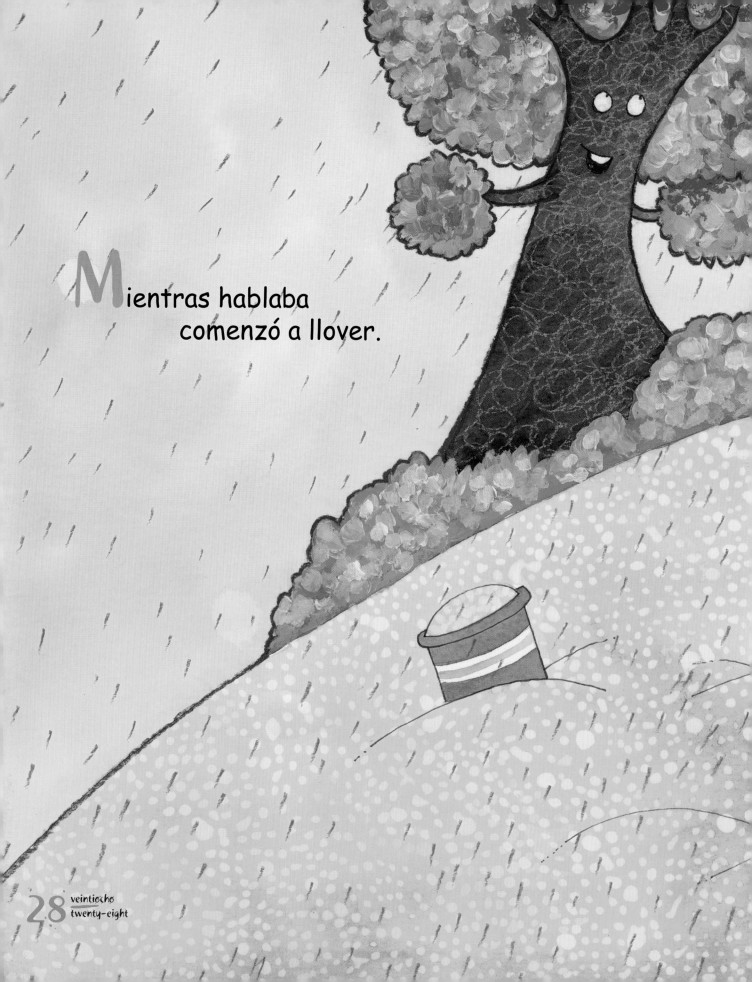

Mientras hablaba
comenzó a llover.

As he spoke, it began to rain.

Luego paró.
Un arco iris se esparció por
todo el cielo deteniéndose
justamente al frente de él.
Rubén pensó con rapidez.
Se quitó la gorra y la sostuvo
hacia delante, llenándola
con el arco iris.

Then it stopped. And a rainbow
spread across the sky and stopped
right in front of him.
Ruben thought fast.
He pulled off his cap and held
it out and filled it full
of rainbow.

uego se la volvió a poner y corrió lo más rápido
que pudo, hasta llegar al lugar donde comenzó.
"Si me caí hacia acá", pensó mientras corría,
"entonces me puedo caer para allá, de nuevo".

Then he put it back on and ran as fast as he could,
all the way back to where he started.
"If I fell in," he thought as he ran,
"then I'll fall right back out again."

Y eso mismo fue lo que hizo.
¡Cataplún!
Cayó en su habitación.

And that's just what he did.
He PLOPPED!
Right back into his bedroom.

Entonces salió corriendo por toda la casa y afuera al patio, gritando, "Mami, Papi, ¡miren lo que he encontrado!"

Then he ran through the house
and out into the yard, yelling,
"Mom, Dad, look what I've found!"

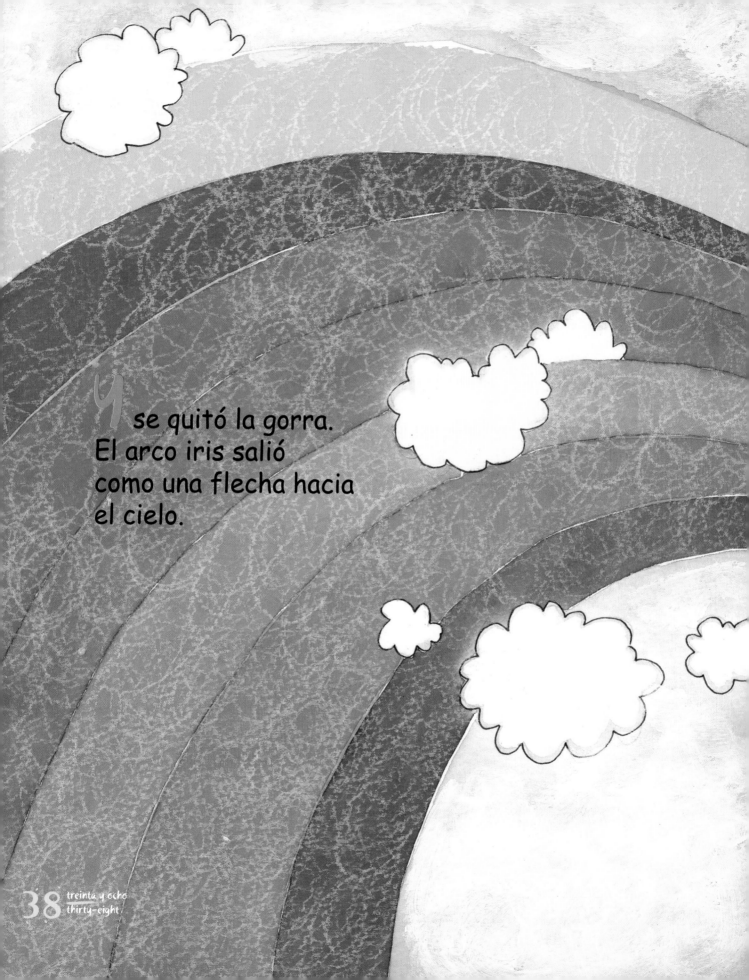

Y se quitó la gorra.
El arco iris salió
como una flecha hacia
el cielo.

And he pulled off his cap.
The rainbow shot back
out again and up across the sky.

Y mientras todos miraban, algo mágico sucedió.
El arco iris se convirtió en lluvia de nuevo.
Y bañó todo con colores.
Los árboles. Las abejas.
Las casas y los carros. Todo.
Y llenó todo de bellos colores.

And as everyone stood and stared, a magical thing happened. The rainbow became rain again. And sprayed colors down on everything. The trees. The bees. The houses and the cars. Everything was filled. Everything with beautiful colors.

T odo.
Hasta la gorra favorita de Rubén.

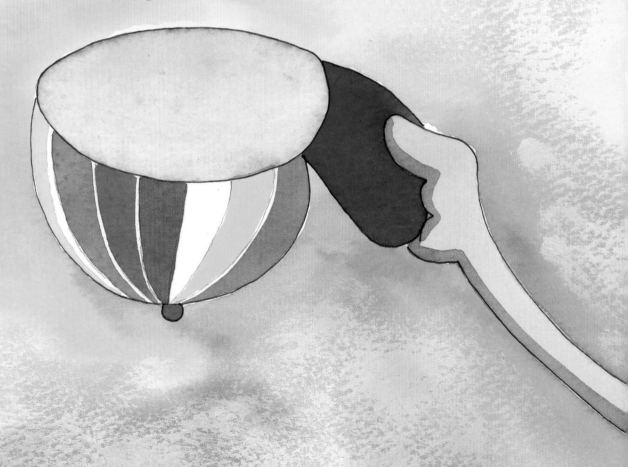

Everything. Even Ruben's favorite cap.

Carlos Harrison nació en Panamá y se crió en Miami. Como reportero de televisión y periodista, se destacó logrando un Premio Pulitzer compartido cuando ejercía su profesión en el Miami Herald. Más adelante, fue contratado como corresponsal nacional del Fox New Channel. Trabaja en la revista People en Español.

Grizelle Paz es hija de padres cubanos y la única de tres hermanos nacida en Estados Unidos y criada en Miami. Estudió Bellas Artes en Florida Internacional University. Además de ser pintora, ejerce la profesión de diseñadora gráfica cuya trayectoria ha sido reconocida en medios impresos como The Miami Herald, El Nuevo Herald y People en Español. Casados por diez años, Harrison y Paz están criando a sus dos niños bilingües en la ciudad de Nueva York.

Carlos Harrison was born in Panam and grew up in Miami. A former Television and newspaper reporter, Harrison shared a Pulitzer Prize while he worked at The Miami Herald before becoming a national correspondent for the Fox News Channel. He works at People en Español.

Grizelle Paz is the only one of her Cuban parents' children to have been born in the United States and as a child grow up in Miami. She study fine arts at Florida International University. Also a profesional artist, is a graphic designer who has worked for The Miami Herald, El Nuevo Herald and People en Español.

Married for ten years, Harrison and Paz are now bringing up their two bilingual sons in New York City.